Assombros cotidianos

Mario Quintana

Assombros cotidianos
Antologia

organização
Márcio Vassallo

ALFAGUARA

Copyright © 2024 by herdeiros de Mario Quintana
Todos os direitos reservados.

Grafia atualizada segundo o Acordo Ortográfico da Língua Portuguesa de 1990, que entrou em vigor no Brasil em 2009.

Capa
Alceu Chiesorin Nunes

Imagens de miolo
Foto da p. 5: Eneida Serrano
Foto da p. 157: Liane Neves

Revisão
Marina Saraiva
Thaís Totino Richter
Adriana Bairrada

Dados Internacionais de Catalogação na Publicação (CIP)
(Câmara Brasileira do Livro, SP, Brasil)

Quintana, Mario, 1906-1994
Assombros cotidianos : Antologia / Mario Quintana ;
organização Márcio Vassallo. — 1ª ed. — Rio de Janeiro :
Alfaguara, 2024.

ISBN 978-85-5652-230-6

1. Poesia brasileira I. Vassallo, Márcio. II. Título.

24-207097   CDD-B869.1

Índice para catálogo sistemático:
1. Poesia : Literatura brasileira   B869.1
Eliane de Freitas Leite – Bibliotecária – CRB-8/8415

Todos os direitos desta edição reservados à
EDITORA SCHWARCZ S.A.
Praça Floriano, 19, sala 3001 — Cinelândia
20031-050 — Rio de Janeiro — RJ
Telefone: (21) 3993-7510
www.companhiadasletras.com.br
www.blogdacompanhia.com.br
facebook.com/editora.alfaguara
instagram.com/editora_alfaguara
x.com/alfaguara_br

Sumário

O homem que se assombrava com o cotidiano, por Márcio Vassallo   11

A rua dos cata-ventos (1940)	17
Canções (1946)	21
Sapato florido (1948)	25
O aprendiz de feiticeiro (1950)	35
Espelho mágico (1951)	41
Caderno H (1973)	47
Apontamentos de história sobrenatural (1976)	69
A vaca e o hipogrifo (1977)	83
Esconderijos do tempo (1980)	91
Antologia poética (1985)	97
Baú de espantos (1986)	107
Da preguiça como método de trabalho (1987)	113
Preparativos de viagem (1987)	127
Porta giratória (1988)	131
A cor do invisível (1989)	139
Velório sem defunto (1990)	147

Índice de títulos e primeiros versos   151
Sobre o organizador   155

Para o Eduardo, meu irmão poeta,
que abre um baú de espantos todos os dias.
M. V.

O homem que se assombrava com o cotidiano

por Márcio Vassallo

Nem todo cotidiano é assombroso, mas todo assombro é cotidiano para quem vive em estado de poesia. E viver em estado de poesia não é passar a vida flutuando, sem gravidade, catando palavras para tirar peso da rotina. Pelo contrário, viver nesse estado é ver gravidade em tudo, dar peso ao ínfimo, olhar o dia a dia com olho de susto e despedida.

Dessa forma, por escolha, por vocação, por dom, por irresistível danação, Mario Quintana atravessou a vida em estado de poesia, como se cada segundo fosse o primeiro e o derradeiro, com a perplexidade da criança pequena, para quem tudo é surpresa, tormento e deslumbre, e com a irreversível clareza de um condenado que caminha pelo corredor da morte, rendido à vitalidade de cada um dos seus passos mundanos, obcecado por gerúndios de adiar finitude, parando para olhar, olhando sem parar, escrevendo.

O OLHAR

O último olhar do condenado não é nublado sentimentalmente por
    lágrimas
nem iludido por visões quiméricas,
O último olhar do condenado é nítido como uma fotografia:
vê até a pequenina formiga que sobe acaso pelo rude braço do verdugo,
vê o frêmito da última folha no alto daquela árvore, além…
Ao olhar do condenado nada escapa, como ao olhar de Deus
— um porque é eterno,
o outro porque vai morrer.
O olhar do poeta é como o olhar de um condenado…
como o olhar de Deus…

Sem que nada escapasse do seu olhar, assombrado por tudo o que é aparentemente mais banal e sem importância no mundo, Mario Quintana fez dos seus dias uma permanente entrega amorosa ao que há de mais atazanante, belo, doído, hipnótico, melancólico, poético em todos os sentidos.

Quintana dizia que a poesia não se entrega a quem a define. Será que definir o poeta seria bater a porta na cara da poesia? Não sei, escrevo para descobrir. E, sem barulho de porta batida, paro numa das frases mais reveladoras do autor: "Não é o leitor que descobre o poeta, mas o poeta que descobre o leitor e o revela a si mesmo".

Revelações à parte, ou incluídas, Mario também dizia que ser poeta não é uma maneira de escrever, é uma maneira de ser. Dessa forma, no seu permanente exercício de ser poeta, Mario Quintana escreveu que o fato é um aspecto secundário da realidade, mas, de fato, Mario via poesia em tudo e transfigurava o que olhava em palavras. "Toda confissão não transfigurada pela arte é indecente", constatou o escritor, que passou a vida confessando seu amor por cachorros vira-luas, jardins ignorados, monstros órfãos, barulhos extraviados, verdades esquecidas e horas descascadas nos seus textos povoados por naufrágios sem gritos, desejos indisfarçáveis, sedes que não passam, desesperos engarrafados, vozes roubadas, fidelidades sem compromisso, ruas descalças, ventos escondidos, fantasmas despidos na bruma, céus quebrados no chão, oferendas de mãos vazias, alegrias sem guizos.

Apesar da sua paixão por exclamações, Mario Quintana atravessa sem guizos, na ponta dos pés, as geografias mais íntimas e atordoantes do dia a dia. Sim, Mario atravessa na ponta dos pés os seus assombros cotidianos e nos sussurra o que não conseguimos ver nem escutar por conta dos nossos embrutecimentos mais invisíveis, das nossas pressas mais paralisantes, dos nossos sobressaltos mais insondáveis, das nossas urgências mais obstrutoras.

Do mesmo modo, apaixonado por reticências, tão frequentes nos seus textos, Quintana entra nas vielas da transitoriedade, devassa os sótãos do efêmero e lê a decadência dos nossos desconcertos, a palidez das nossas taquicardias, o velório dos nossos juízos, diante da inevitável vontade de retardar pontos finais.

Alfabetizado em absurdos, Quintana também lê o que nos perpassa por dentro, no rastro de embaraços encobertos, exames de inconsciência, entrelinhas amarelecidas, frestas soterradas, carcaças de sonhos, febres perdidas, impressões de soslaio no espelho. "Um bom poema é aquele que nos dá a impressão de que está lendo a gente... E não a gente a ele!", afirmou o poeta.

Como então organizar e selecionar uma antologia de quem sabe nos ler no escuro em tantos textos profundamente luminosos? De luz acesa na madrugada ou em breus amanhecidos, ao longo de intermináveis releituras, mais difícil do que escolher o que incluir nessa antologia, claro, foi decidir o que deixar de fora. Para tudo na vida, abrir mão do que não gostamos nem sempre é difícil, mas renunciar ao que amamos, por um nobre motivo como o de organizar este livro, é recortar paisagens para expandir cenas, fechar portas para achar contornos, esquecer pertencimentos para ser fiel à própria essência.

"Pertencer a uma escola poética é o mesmo que ser condenado à prisão perpétua", disse Mario, que passou a existência gazeteando escolas de enquadrar poetas, rotular formas, comportar belezas. "A beleza não comporta adjetivos", escreveu.

Além de traduzir alguns dos mais descomportados escritores de todos os tempos, entre eles Virginia Woolf, Marcel Proust, Honoré de Balzac, Graham Greene, Saint-Exupéry, Voltaire e Guy de Maupassant, Mario Quintana transpõe a alma das coisas e as coisas da alma. "Desde pequeno, tive tendência para personificar as coisas. Tia Tula, que achava que mormaço fazia mal, sempre gritava: 'Vem pra dentro, menino, olha o mormaço!'. Mas eu via o mormaço com M maiúsculo. Mormaço, para mim, era um velho que pegava crianças!"

Mais do que tudo, os textos de Mario Quintana são mormaços de pegar leitor. Agora esqueça protetores, desproteja-se, exponha-se aos desconcertos do poeta. Desajuste-se para respirar, respire para se desajustar.

EMERGÊNCIA
Quem faz um poema abre uma janela.
Respira, tu que estás numa cela
abafada,

esse ar que entra por ela.
Por isso é que os poemas têm ritmo
— para que possas profundamente respirar.

Quem faz um poema salva um afogado.

Para não nos afogarmos na ausência de janelas, nem nos sufocar-mos no excesso de paredes, mais do que nunca ler Mario Quintana é uma emergência.

Assombros cotidianos

A RUA DOS CATA-VENTOS
(1940)

Eu nada entendo da questão social.
Eu faço parte dela, simplesmente...
E sei apenas do meu próprio mal,
Que não é bem o mal de toda a gente,

Nem é deste Planeta... Por sinal
Que o mundo se lhe mostra indiferente!
E o meu Anjo da Guarda, ele somente,
É quem lê os meus versos afinal...

E enquanto o mundo em torno se esbarronda,
Vivo regendo estranhas contradanças
No meu vago País de Trebizonda...

Entre os Loucos, os Mortos e as Crianças,
É lá que eu canto, numa eterna ronda,
Nossos comuns desejos e esperanças!...

Para Emílio Kemp

É a mesma ruazinha sossegada,
Com as velhas rondas e as canções de outrora…
E os meus lindos pregões da madrugada
Passam cantando ruazinha em fora!

Mas parece que a luz está cansada…
E, não sei como, tudo tem, agora,
Essa tonalidade amarelada
Dos cartazes que o tempo descolora…

Sim, desses cartazes ante os quais
Nós às vezes paramos, indecisos…
Mas para quê?… Se não adiantam mais!…

Pobres cartazes por aí afora
Que inda anunciam: — ALEGRIA — RISOS
Depois do Circo já ter ido embora!…

CANÇÕES
(1946)

Canção do dia de sempre

Para Norah Lawson

Tão bom viver dia a dia…
A vida assim jamais cansa…

Viver tão só de momentos
Como essas nuvens do céu…

E só ganhar, toda a vida,
Inexperiência… esperança…

E a rosa louca dos ventos
Presa à copa do chapéu.

Nunca dês um nome a um rio:
Sempre é outro rio a passar.

Nada jamais continua,
Tudo vai recomeçar!

E sem nenhuma lembrança
Das outras vezes perdidas,

Atiro a rosa do sonho
Nas tuas mãos distraídas…

Canção dos romances perdidos

Oh! o silêncio das salas de espera
Onde esses pobres guarda-chuvas lentamente escorrem…
O silêncio das salas de espera
E aquela última estrela…

Aquela última estrela
Que bale, bale, bale,
Perdida na enchente da luz…

Aquela última estrela
E, na parede, esses quadrados lívidos,
De onde fugiram os retratos…

De onde fugiram todos os retratos…

E esta minha ternura,
Meu Deus,
Oh! toda esta minha ternura inútil, desaproveitada!…

SAPATO FLORIDO

(1948)

Os vira-luas

Todos lhes dão, com uma disfarçada ternura, o nome, tão apropriado, de vira-latas. Mas e os vira-luas? Ah! ninguém se lembra desses outros vagabundos noturnos, que vivem farejando a lua, fuçando a lua, insaciavelmente, para aplacar uma outra fome, uma outra miséria, que não é a do corpo...

O poema

Uma formiguinha atravessa, em diagonal, a página ainda em branco. Mas ele, aquela noite, não escreveu nada. Para quê? Se por ali já havia passado o frêmito e o mistério da vida…

Mentiras

Lili vive no mundo do Faz de conta... Faz de conta que isto é um avião. Zzzzuuu... Depois aterrissou em piquê e virou trem. Tuc tuc tuc tuc... Entrou pelo túnel, chispando. Mas debaixo da mesa havia bandidos. Pum! Pum! Pum! O trem descarrilou. E o mocinho? Onde é que está o mocinho? Meu Deus! onde é que está o mocinho?! No auge da confusão, levaram Lili para a cama, à força. E o trem ficou tristemente derribado no chão, fazendo de conta que era mesmo uma lata de sardinha.

Mentira?

A mentira é uma verdade que se esqueceu de acontecer.

Da cor

Há uma cor que não vem nos dicionários. É essa indefinível cor que têm todos os retratos, os figurinos da última estação, a voz das velhas damas, os primeiros sapatos, certas tabuletas, certas ruazinhas laterais: — a cor do tempo...

Cruel amor

Um dia, da ponta daquela mesa comum de hóspedes, dona Glorinha me interpelou:

— Seu Mario, o senhor ainda não leu o CRUEL AMOR?

Não, eu nunca tinha lido o CRUEL AMOR!...

Pois tudo o que falta à minha vida, toda a imperfeição em que ainda me debato, vem de eu nunca ter lido o CRUEL AMOR... de ter achado ridículo o título... de ter achado ridícula a transcendental pergunta de dona Glorinha...

Desespero

Não há nada mais triste do que o grito de um trem no silêncio noturno. É a queixa de um estranho animal perdido, único sobrevivente de alguma espécie extinta, e que corre, corre, desesperado, noite em fora, como para escapar à sua orfandade e solidão de monstro.

O APRENDIZ DE FEITICEIRO
(1950)

Para Augusto Meyer

De repente

Olho-te espantado:
Tu és uma Estrela do Mar.
Um minério estranho.
Náo sei…

No entanto,
O livro que eu lesse,
O livro na máo.
Era sempre o teu seio!

Tu estavas no morno da grama,
Na polpa saborosa do páo…

Mas agora encheram-se de sombra os cântaros

E só o meu cavalo pasta na solidáo.

Mundo

E eis que naquele dia a folhinha marcava uma data
    em caracteres desconhecidos,
Uma data ilegível e maravilhosa.

Quem viria bater à minha porta?

Ai, agora era um outro dançar, outros os sonhos
    e incertezas,
Outro amar sob estranhos zodíacos…

Outro…

E o terror de construir mitologias novas!

O poema

Um poema como um gole d'água bebido no escuro.
Como um pobre animal palpitando ferido.
Como pequenina moeda de prata perdida para sempre na floresta
    noturna.
Um poema sem outra angústia que a sua misteriosa condição
    de poema.
Triste.
Solitário.
Único.
Ferido de mortal beleza.

Depois

Nem a coluna truncada:
Vento.
Vento escorrendo cores.
Cor dos poentes nas vidraças.
Cor das tristes madrugadas.
Cor da boca…
Cor das tranças…
Ah,
Das tranças avoando loucas
Sob sonoras arcadas…
Cor dos olhos…
Cor das saias
Rodadas…
E a concha branca da orelha
Na imensa praia
Do tempo.

ESPELHO MÁGICO

(1951)

Do estilo

Fere de leve a frase… E esquece… Nada
Convém que se repita…
Só em linguagem amorosa agrada
A mesma coisa cem mil vezes dita.

Das utopias

Se as coisas são inatingíveis... ora!
Não é motivo para não querê-las...
Que tristes os caminhos, se não fora
A mágica presença das estrelas!

Da discreta alegria

Longe do mundo vão, goza o feliz minuto
Que arrebataste às horas distraídas.
Maior prazer não é roubar um fruto
Mas sim ir saboreá-lo às escondidas.

CADERNO H
(1973)

Limites da conversação

Há certas coisas que não haveria mesmo ocasião de as colocarmos sensatamente numa conversa — e que só num poema estão no seu lugar. Deve ser por esse motivo que alguns de nós começaram, um dia, a fazer versos. Um modo muito curioso de falar sozinho, como se vê, mas o único modo de certas coisas caírem no ouvido certo.

Fatalidade

O que mais enfurece o vento são esses poetas inveterados que o fazem rimar com lamento.

O autor invisível

Certa vez, quando se realizava um garden party num dos castelos da Inglaterra, compareceu um distinto ancião, muito bem-posto e apoiado na sua bengala. E, para constrangimento de todos, olhava detidamente na cara de cada um, como se se tratasse de um bicho ou de uma coisa. E como alguém indagasse quem era, respondeu o anfitrião que se tratava do romancista Sir Bulver-Lytton, já completamente gagá e que se considerava invisível.

Gagá? Mas o que ele estava realizando era o ideal de todo verdadeiro romancista: ser isento de quaisquer inibições, de respeitos de qualquer ordem, e ver portanto imparcialmente o mundo. Não embelezar, não reformar, não polemizar: — ver!

"A poesia é necessária"

Título de uma antiga seção do velho Braga na Manchete. Pois eu vou mais longe ainda do que ele. Eu acho que todos deveriam fazer versos. Ainda que saiam maus, não tem importância. É preferível, para a alma humana, fazer maus versos a não fazer nenhum. O exercício da arte poética representaria, no caso, como que um esforço de autossuperação.

É fato consabido que esse refinamento do estilo acaba trazendo necessariamente o refinamento da alma.

Sim, todos devem fazer versos. Contanto que não venham mostrar-me.

Da preguiça

A preguiça é a mãe do progresso. Se o homem não tivesse preguiça de caminhar, não teria inventado a roda.

Conto de horror

E um dia os homens descobriram que esses discos voadores estavam observando apenas a vida dos insetos.

A coisa

A gente pensa uma coisa, acaba escrevendo outra e o leitor entende uma terceira coisa… e, enquanto se passa tudo isso, a coisa propriamente dita começa a desconfiar que não foi propriamente dita.

Sinônimos?

Esses que pensam que existem sinônimos, desconfio que não sabem distinguir as diferentes nuanças de uma cor.

O poeta e a menina

Hoje ganhei o meu dia. Porque uma meninazinha me perguntou: "O senhor pode me botar uma dedicação neste livro?". Escrevi, então, sinceramente: "Para a Heloisa Maria, com toda a minha dedicação". E assinei. E datei, com tristeza.

Recalque

A gente adoece, mesmo, é de nome feio recolhido.

Da difícil facilidade

É preciso escrever um poema várias vezes para que dê a impressão de que foi escrito pela primeira vez.

Realidade

O fato é um aspecto secundário da realidade.

O Diabo e a criança

Um dia o Diabo viu uma criança fazendo com o dedo um buraco na areia e perguntou-lhe que diabo de coisa estaria fazendo.

— Ué! não vês? Estou fazendo com o dedo um buraco na areia! — espantou-se a criança.

Pobre Diabo! O seu mal é que ele jamais compreenderá que uma coisa possa ser feita sem segundas intenções.

O poema

O poema
essa estranha máscara
mais verdadeira do que a própria face…

Vidinha

O mais triste de um passarinho engaiolado é que ele se sente bem...

Da simplicidade

O verdadeiro epicurista embriaga-se com um copo d'água. O verdadeiro poeta faz poesia com as coisas mais simples e corriqueiras deste e dos outros mundos.

Exame de inconsciência

Há noites em que não posso dormir de remorsos por tudo o que deixei de cometer.

Nada sobrou

As pessoas sem imaginação podem ter tido as mais imprevistas aventuras, podem ter visitado as terras mais estranhas... Nada lhes ficou. Nada lhes sobrou. Uma vida não basta apenas ser vivida: também precisa ser sonhada.

Cuidado!

A poesia não se entrega a quem a define.

APONTAMENTOS DE
HISTÓRIA SOBRENATURAL
(1976)

O adolescente

A vida é tão bela que chega a dar medo,

Não o medo que paralisa e gela,
estátua súbita,
mas

esse medo fascinante e fremente de curiosidade que faz
o jovem felino seguir para a frente farejando o vento
ao sair, a primeira vez, da gruta.

Medo que ofusca: luz!

Cumplicemente,
as folhas contam-te um segredo
velho como o mundo:

Adolescente, olha! A vida é nova…
A vida é nova e anda nua
— vestida apenas com o teu desejo!

Interrogações

Nenhuma pergunta demanda resposta.
Cada verso é uma pergunta do poeta.
E as estrelas…
as flores…
o mundo…
são perguntas de Deus.

A alma e o baú

Tu que tão sentida e repetida e voluptuosamente te entristeces
   e adoeces de ti,
é preciso rasgar essas vestes de dó,
as penas é preciso raspar com um caco, uma
por uma: são
crostas...
E sobre a carne viva
nenhuma ternura sopre.
Que ninguém acorra.
Ninguém, biblicamente, com os seus bálsamos e olores...
Ah, tu com as tuas causas e lousas, teus badulaques, teus ais
   ornamentais, tuas rimas,
esses guizos de louco...
A tua alma (tua?) olha-te, simplesmente.
Alheia e fiel como um espelho.
Por supremo pudor, despe-te, despe-te, quanto mais nu mais tu,
despoja-te mais e mais.
Até a invisibilidade.
Até que fiquem só espelho contra espelho
num puro amor isento de qualquer imagem
— Mestre, dize-me... e isso tudo valerá acaso a perda de meu baú?

Emergência

Quem faz um poema abre uma janela.
Respira, tu que estás numa cela
abafada,
esse ar que entra por ela.
Por isso é que os poemas têm ritmo
— para que possas profundamente respirar.

Quem faz um poema salva um afogado.

Arquitetura funcional

Para Fernando Corona
e Antonieta Barone

Não gosto da arquitetura nova
Porque a arquitetura nova não faz casas velhas
Não gosto das casas novas
Porque as casas novas não têm fantasmas
E, quando digo fantasmas, não quero dizer essas assombrações
    vulgares
Que andam por aí...
E não sei quê de mais sutil
Nessas velhas, velhas casas,
Como, em nós, a presença invisível da alma... Tu nem sabes
A pena que me dão as crianças de hoje!
Vivem desencantadas como uns órfãos:
As suas casas não têm porões nem sótãos,
São umas pobres casas sem mistério.
Como pode nelas vir morar o sonho?
O sonho é sempre um hóspede clandestino e é preciso
(Como bem sabíamos)
Ocultá-lo das visitas
(Que diriam elas, as solenes visitas?)
É preciso ocultá-lo das outras pessoas da casa,
É preciso ocultá-lo dos confessores,
Dos professores,
Até dos Profetas
(Os Profetas estão sempre profetizando outras cousas...)
E as casas novas não têm ao menos aqueles longos, intermináveis
    corredores
Que a Lua vinha às vezes assombrar!

Retrato sobre a cômoda

Para Oswaldo Goidanich

Ah! esses quadros de antanho
quase tão horríveis como a palavra antanho…
não de um horrível ridículo mas de um horrível triste,
porque se pode ver entre o vidro e o retrato
uma folha outrora verde, uns cabelos que já foram vivos
e agora para sempre imóveis na moldura negra
e, na fotografia, alguém está sorrindo eternamente
quando um sorriso, para ser sorriso, devia ser efêmero…
Lá fora é uma tarde fin de siècle, uma tarde outoniça que parece
tirada da gaveta desta cômoda.

… e, nas cartas antigas, também o amor amarelece.

A carta

Hoje encontrei dentro de um livro uma velha carta amarelecida,
Rasguei-a sem procurar ao menos saber de quem seria...
Eu tenho um medo
Horrível
A essas marés montantes do passado,
Com suas quilhas afundadas, com
Meus sucessivos cadáveres amarrados aos mastros e gáveas...
Ai de mim,
Ai de ti, ó velho mar profundo,
Eu venho sempre à tona de todos os naufrágios!

Operação alma

Há os que fazem materializações...
Grande coisa! Eu faço desmaterializações.
Subjetivações de objetos.
Inclusive sorrisos,
Como aquele que tu me deste um dia com o mais puro azul de
    teus olhos
E nunca mais nos vimos. (Na verdade, a gente nunca mais se vê...)
    No entanto,
Há muito que ele faz parte de certos estados do céu,
De certos instantes de serena, inexplicável alegria,
Assim como um voo sozinho põe um gesto de adeus na paisagem,
Como uma curva de caminho,
Anônima,
Torna-se às vezes a maior recordação de toda uma volta ao mundo!

Trecho de diário

Hoje me acordei pensando em uma pedra numa rua de Calcutá.
Numa determinada pedra em certa rua de Calcutá.
Solta. Sozinha. Quem repara nela?
Só eu, que nunca fui lá,
Só eu, deste lado do mundo, te mando agora esse pensamento...
Minha pedra de Calcutá!

O mapa

Olho o mapa da cidade
Como quem examinasse
A anatomia de um corpo…

(É nem que fosse o meu corpo!)

Sinto uma dor infinita
Das ruas de Porto Alegre
Onde jamais passarei…

Há tanta esquina esquisita,
Tanta nuança de paredes,
Há tanta moça bonita
Nas ruas que não andei
(E há uma rua encantada
Que nem em sonhos sonhei…)

Quando eu for, um dia desses,
Poeira ou folha levada
No vento da madrugada,
Serei um pouco do nada
Invisível, delicioso

Que faz com que o teu ar
Pareça mais um olhar,
Suave mistério amoroso,
Cidade de meu andar
(Deste já tão longo andar!)

E talvez de meu repouso…

Um voo de andorinha

Um voo de andorinha
Deixa no ar o risco de um frêmito...
Que é isto, coração?! Fica aí, quietinho:
Chegou a idade de dormir!
Mas
Quem é que pode parar os caminhos?
E os rios cantando e correndo?
E as folhas ao vento? E os ninhos...
E a poesia...
A poesia como um seio nascendo...

Este quarto...

Para Guilhermino César

Este quarto de enfermo, tão deserto
de tudo, pois nem livros eu já leio
e a própria vida eu a deixei no meio
como um romance que ficasse aberto...

que me importa este quarto, em que desperto
como se despertasse em quarto alheio?
Eu olho é o céu! imensamente perto,
o céu que me descansa como um seio.

Pois só o céu é que está perto, sim,
tão perto e tão amigo que parece
um grande olhar azul pousado em mim.

A morte deveria ser assim:
um céu que pouco a pouco anoitecesse
e a gente nem soubesse que era o fim...

A VACA E O HIPOGRIFO
(1977)

Trecho de carta

Se nunca nasceste de ti mesmo, dolorosamente, na concepção de um poema... estás enganado: para os poetas não existe parto sem dor.

Do estilo

Se alguém acha que estás escrevendo muito bem, desconfia... O crime perfeito não deixa vestígios.

Intérpretes

Mas, afinal, para que interpretar um poema? Um poema já é uma interpretação.

Aproximações

Todo poema é uma aproximação. A sua incompletude é que o aproxima da inquietação do leitor. Este não quer que lhe provem coisa alguma. Está farto de soluções. Eu, por mim, lhe aumentaria as interrogações. Vocês já repararam no olhar de uma criança quando interroga? A vida, a irrequieta inteligência que ele tem? Pois bem, você lhe dá uma resposta instantânea, definitiva, única — e verá pelos olhos dela que baixou vários risquinhos na sua consideração.

A revelação

Um bom poema é aquele que nos dá a impressão de que está lendo a gente… E não a gente a ele!

No princípio do fim

Há ruídos que não se ouvem mais:
— o grito desgarrado de uma locomotiva na madrugada
— os apitos dos guardas-noturnos quadriculando como um mapa a cidade adormecida
— os barbeiros que faziam cantar no ar suas tesouras
— a matraca do vendedor de cartuchos
— a gaitinha do afiador de facas
— todos esses ruídos que apenas rompiam o silêncio.

E hoje o que mais se precisa é de silêncios que interrompam o ruído.

Mas que se há de fazer?

Há muitos — a grande maioria — que já nasceram no barulho. E nem sabem, nem notam, por que suas mentes são tão atordoadas, seus pensamentos tão confusos. Tanto que, na sua bebedeira auricular, só conseguem entender as frases repetitivas da música Pop. E, se esta nossa "civilização" não arrebentar, acabamos um dia perdendo a fala — para que falar? para que pensar? — ficaremos apenas no batuque: "Tan!tan!tan!tan!tan!"

ESCONDERIJOS DO TEMPO
(1980)

Os poemas

Os poemas são pássaros que chegam
não se sabe de onde e pousam
no livro que lês.
Quando fechas o livro, eles alçam voo
como de um alçapão.
Eles não têm pouso nem porto
alimentam-se um instante em cada par de mãos
e partem.
E olhas, então, essas tuas mãos vazias,
no maravilhado espanto de saberes
que o alimento deles já estava em ti...

Se o poeta falar num gato

Se o poeta falar num gato, numa flor,
num vento que anda por descampados e desvios
e nunca chegou à cidade...
se falar numa esquina mal e mal iluminada...
numa antiga sacada... num jogo de dominó...
se falar naqueles obedientes soldadinhos de chumbo que morriam
    de verdade...
se falar na mão decepada no meio de uma escada
de caracol...
Se não falar em nada
e disser simplesmente tralalá... Que importa?
Todos os poemas são de amor!

Seiscentos e sessenta e seis

A vida é uns deveres que nós trouxemos para fazer em casa.
Quando se vê, já são 6 horas: há tempo...
Quando se vê, já é 6ª-feira...
Quando se vê, passaram 60 anos...
Agora, é tarde demais para ser reprovado...
E se me dessem — um dia — uma outra oportunidade,
eu nem olhava o relógio
seguia sempre, sempre em frente...

E iria jogando pelo caminho a casca dourada
e inútil das horas.

A casa grande

… mas eu queria ter nascido numa dessas casas de meia-água
com o telhado descendo logo após as fachadas
só de porta e janela
e que tinham, no século, o carinhoso apelido
de cachorros sentados.
Porém nasci em um solar de leões.
(… escadarias, corredores, sótãos, porões, tudo isso…)
Não pude ser um menino da rua…
Aliás, a casa me assustava mais do que o mundo, lá fora.
A casa era maior do que o mundo!
E até hoje
— mesmo depois que destruíram a casa grande —
até hoje eu vivo explorando os seus esconderijos…

ANTOLOGIA POÉTICA
(1985)

O circo o menino a vida

A moça do arame
equilibrando a sombrinha
era de uma beleza instantânea e fulgurante!
A moça do arame ia deslizando e despindo-se.
Lentamente.
Só para judiar.
E eu com os olhos cada vez mais arregalados
até parecerem dois pires.
Meu tio dizia:
"Bobo!
Não sabes
que elas sempre trazem uma roupa de malha
    por baixo?"
(Naqueles voluptuosos tempos não havia maiôs
    nem biquínis...)
Sim! Mas toda a deliciante angústia dos meus
    olhos virgens
segredava-me
sempre:
"Quem sabe?..."

Eu tinha oito anos e sabia esperar.

Agora não sei esperar mais nada
Desta nem da outra vida,
No entanto
o menino
(que não sei como insiste em não morrer em mim)

ainda e sempre
apesar de tudo
apesar de todas as desesperanças,
O menino
às vezes
segreda-me baixinho
"Titio, quem sabe?…"

Ah, meu Deus, essas crianças!

Poema

Oh! aquele menininho que dizia
"Fessora, eu posso ir lá fora?"
Mas apenas ficava um momento
Bebendo o vento azul...
Agora não preciso pedir licença a ninguém.
Mesmo porque não existe paisagem lá fora:
Somente cimento.
O vento não mais me fareja a face como um cão amigo...
Mas o azul irreversível persiste em meus olhos.

Uma simples elegia

Caminhozinho por onde eu ia andando
E de repente te sumiste,
— o que seria que te aconteceu?
Eu sei… o tempo… as ervas más… a vida…
Não, não foi a morte que acabou contigo:
Foi a vida.
Ah, nunca a vida fez uma história mais triste
Que a de um caminho que se perdeu…

A oferenda

Eu queria trazer-te uns versos muito lindos...
Trago-te estas mãos vazias
Que vão tomando a forma do teu seio.

Indivisíveis

O meu primeiro amor sentávamos numa pedra
Que havia num terreno baldio entre as nossas casas.
Falávamos de coisas bobas,
Isto é, que a gente grande achava bobas
Como qualquer troca de confidências entre crianças de cinco anos.
Crianças...
Parecia que entre um e outro nem havia ainda separação de sexos
A não ser o azul imenso dos olhos dela,
Olhos que eu não encontrava em ninguém mais,
Nem no cachorro e no gato da casa,
Que tinham apenas a mesma fidelidade sem compromisso
E a mesma animal — ou celestial — inocência,
Porque o azul dos olhos dela tornava mais azul o céu:
Não, não importava as coisas bobas que disséssemos.
Éramos um desejo de estar perto, tão perto
Que não havia ali apenas duas encantadas criaturas
Mas um único amor sentado sobre uma tosca pedra,
Enquanto a gente grande passava, caçoava, ria-se, não sabia
Que eles levariam procurando uma coisa assim por toda a sua vida...

Do sobrenatural

Vozes ciciando nas frinchas… vozes de afogados soluçando nas ondas… vozes noturnas, chamando… pancadas no quarto ao lado, por detrás dos móveis, debaixo da cama… gritos de assassinados ecoando ainda nos corredores malditos… Qual nada! O que mais amedronta é o pranto dos recém-nascidos: aí é que está a verdadeira voz do outro mundo.

BAÚ DE ESPANTOS
(1986)

O descobridor

Ah, essa gente que me encomenda
um poema
com tema...

Como eu vou saber, pobre arqueólogo do futuro,
o que inquietamente procuro
em minhas escavações do ar?

Nesse futuro,
tão imperfeito,
vão dar,
desde o mais inocente nascituro,
suntuosas princesas mortas há milênios,
palavras desconhecidas mas com todas as letras misteriosamente
        acesas
palavras quotidianas
enfim libertas de qualquer objeto

E os objetos...

Os atônitos objetos que não sabem mais o que são
no terror delicioso
da Transfiguração!

O olhar

O último olhar do condenado não é nublado sentimentalmente
    por lágrimas
nem iludido por visões quiméricas,
O último olhar do condenado é nítido como uma fotografia:
vê até a pequenina formiga que sobe acaso pelo rude braço do
    verdugo,
vê o frêmito da última folha no alto daquela árvore, além…
Ao olhar do condenado nada escapa, como ao olhar
    de Deus
— um porque é eterno,
o outro porque vai morrer.
O olhar do poeta é como o olhar de um condenado…
como o olhar de Deus…

Projeto de prefácio

Sábias agudezas... refinamentos...
— não!
Nada disso encontrarás aqui.
Um poema não é para te distraíres
como com essas imagens mutantes dos caleidoscópios.
Um poema não é quando te deténs para apreciar
    um detalhe
Um poema não é também quando paras no fim,
porque um verdadeiro poema continua sempre...
Um poema que não te ajude a viver e não saiba preparar-te para
    a morte
não tem sentido: é um pobre chocalho de palavras!

DA PREGUIÇA COMO
MÉTODO DE TRABALHO
(1987)

Apresentação

Nasci em Alegrete, em 30 de julho de 1906. Creio que foi a principal coisa que me aconteceu. E agora pedem-me que fale sobre mim mesmo. Bem! eu sempre achei que toda confissão não transfigurada pela arte é indecente. Minha vida está nos meus poemas, meus poemas são eu mesmo, nunca escrevi uma vírgula que não fosse uma confissão. Ah! mas o que querem são detalhes, cruezas, fofocas... Aí vai! Estou com 78 anos, mas sem idade. Idades só há duas: ou se está vivo ou morto. Neste último caso é idade demais, pois foi-nos prometida a Eternidade. Nasci no rigor do inverno, temperatura: um grau; e ainda por cima prematuramente, o que me deixava meio complexado, pois achava que não estava pronto. Até que um dia descobri que alguém tão completo como Winston Churchill nascera prematuro — o mesmo tendo acontecido a Sir Isaac Newton! *Excusez du peu...* Prefiro citar a opinião dos outros sobre mim. Dizem que sou modesto. Pelo contrário, sou tão orgulhoso que nunca acho que escrevi algo à minha altura. Porque poesia é insatisfação, um anseio de autossuperação. Um poeta satisfeito não satisfaz. Dizem que sou tímido. Nada disso! sou é caladão, introspectivo. Não sei por que sujeitam os introvertidos a tratamentos. Só por não poderem ser chatos como os outros?

Exatamente por execrar a chatice, a longuidão, é que eu adoro a síntese. Outro elemento da poesia é a busca da forma (não da fôrma), a dosagem das palavras. Talvez concorra para esse meu cuidado o fato de ter sido prático de farmácia durante cinco anos. Note-se que é o mesmo caso de Carlos Drummond de Andrade, de Alberto de Oliveira, de Erico Verissimo — que bem sabem (ou souberam) o que é a luta amorosa com as palavras.

(*IstoÉ*, 14 nov. 1984)

Vigilantes noturnos

Os que fazem amor não estão fazendo apenas amor: estão dando corda ao relógio do mundo.

Visitas

Não é só quando eu estou trabalhando que as visitas importunam: é quando não estou fazendo nada.

História itinerante

Descobri que nas sucessivas casas que habitamos fica sempre um fantasma nosso, de diferentes idades e cada qual mais relutante em dissolver-se no tempo. De vez em quando um deles volta. E este fantasma que agora habita o meu corpo acolhe-o com um ar superior de dono da casa, decerto para disfarçar a emoção. Pois sei que eu próprio um dia virei visitar-me onde estiver. E se não estiver? Bem: esse deve ser joão sem casa. O que sobrou de todas as andanças deve ser o meu verdadeiro eu. O qual, daí por diante, irá passar por novas, misteriosas aventuras...

As sete namoradas

"Era uma vez um príncipe que tinha sete namoradas: uma namorada branca, uma namorada amarela, uma namorada preta, uma namorada verde, uma namorada azul…"

Neste ponto interrompi o improviso, para ver o efeito em meu pequeno auditório. Havia seis pares de olhos deslumbrados. Continuei, então: "… é que uma andava sempre vestida de branco, a outra sempre vestida de amarelo, a outra…".

— Ora! — protestou Lili, interpretando os sentimentos do público — então não havia uma azul de verdade?!

Um fracasso, a minha história. Mas aprendera que o essencial, em histórias para crianças, é que o fantástico seja real por assim dizer, que haja uma namorada azul de verdade, como queria Lili. Nada de explicações lógicas, como acontece nas aventuras do padre Brown, sempre tão maravilhosas no início, mas que, depois que o raio do padre começa a raciocinar e destrinchar tudo, deixam certo desapontamento infantil nos leitores adultos.

Avareza

Os momentos mais belos de nossa vida, desconfio que ficam para sempre esquecidos, porque a memória, essa velha avarenta, os rouba e guarda a sete chaves no seu baú.

Transfiguração

Essas insignificâncias que nos sobem às vezes do fundo do passado têm no entanto não sei que aura misteriosa: são como um par de sapatos velhos pintados por Van Gogh.

O apanhador de poemas

Um poema sempre me pareceu algo assim como um pássaro engaiolado... E que, para apanhá-lo vivo, era preciso um cuidado infinito. Um poema não se pega a tiro. Nem a laço. Nem a grito. Não, o grito é o que mais o espanta. Um poema, é preciso esperá-lo com paciência e silenciosamente como um gato. É preciso que lhe armemos ciladas: com rimas, que são o seu alpiste; há poemas que só se deixam apanhar com isto. Outros que só ficam presos atrás das catorze grades de um soneto. É preciso esperá-lo com assonâncias e aliterações, para que ele cante. É preciso recebê-lo com ritmo, para que ele comece a dançar. E há os poemas livres, imprevisíveis. Para esses é preciso inventar, na hora, armadilhas imprevistas.

O grande sortilégio

A magia das palavras num poeta deve ser tão sutil que a gente esqueça que ele está usando palavras.

Quarta

"É bonito mas é triste" — frase que ainda se ouve da parte de senhoras que ainda leem. Não sei o que tem o belo (não o "bonito") a ver com o triste ou o alegre — conceitos aliás tão relativos... A beleza — que está acima dessas e outras coisas, embora possa incluí-las —, a beleza não comporta adjetivos.

PREPARATIVOS DE VIAGEM
(1987)

Música

O que mais me comove em música
São essas notas soltas
— pobres notas únicas —
Que do teclado arranca o afinador de pianos.

Aeroporto

Eu também, eu também hei de estar no Grande Aeroporto, um dia,
Entre os outros viajantes sem bagagem…
Tu não imaginas como é bom, como é repousante
Não ter bagagem nenhuma!
Porém, no alto-falante,
Serei chamado por outro nome que não o meu…
Um nome conhecido apenas pelos anjos.
Mas eu reconhecerei o meu nome
Como reconheço no espelho a minha imagem de cada dia.
E cada chamada será uma súbita, uma maravilhosa revelação.
Menos
Para umas poucas criaturas…
Aquelas criaturas que mereceram ser conhecidas
Ainda neste mundo,
Ainda nesta vida
Pelo seu nome único e verdadeiro!

PORTA GIRATÓRIA
(1988)

O citadino

Um lugar só é bom quando a gente pode fugir para outro lugar.

Não compreendo esses grandes hotéis sozinhos no meio da mata, sob a alegação do clima, da natureza... A natureza é chata como um cartão-postal em tamanho natural.

Nós somos os promíscuos habitantes da cidade. A cidade é que é a nossa verdadeira natureza. Com incômodos, sim, mas muito mais variados que os da natureza propriamente dita.

E a minha volúpia que mais se aproxima da primitiva natureza é andar sem sapatos alta noite, entre o quarto e o banheiro, pelos corredores do prédio onde resido.

Respondendo a Regina

De alguém que se assina "Regina", recebo amável carta, reclamando que a poesia se está ausentando ultimamente das minhas crônicas, em proveito do lado humorístico da vida... Fiquei desapontado, Regina. Primeiro, porque pensava que andasse escrevendo coisas muito sérias, inspiradas como eram, precisamente, no lado amargo da vida... Depois, porque pensava que a poesia estivesse nas entrelinhas, como aliás acontece na vida...

Além disso, pela sua carta, quer-me parecer que não pertence ao número das pessoas que pensam que há assuntos "poéticos" e outros não, como também um estilo que possua a exclusividade de ser "poético"... E, precisamente pelo estilo de sua carta, vejo que tampouco pertence à escola literária daquela professorinha do interior que me disse um dia:

— O senhor não imagina como estamos... como "eu" estou contente com a sua visita à nossa cidade!

E, confidencialmente:

— Aqui a gente não tem com quem falar difícil...

Da boa e da má ignorância

A ignorância rasa e simples é coisa honesta e conserva desanuviado o entendimento. Mas Deus te livre, meu filho, da ignorância complicada.

Exegeses

Se um poeta consegue explicar o que quis dizer com um poema, o poema não presta.

Os silêncios

Não é possível amizade quando dois silêncios não se combinam.

A COR DO INVISÍVEL
(1989)

Jardim interior

Todos os jardins deviam ser fechados,
Com altos muros de um cinza muito pálido,
onde uma fonte
pudesse cantar
sozinha
entre o vermelho dos cravos.
O que mata um jardim não é mesmo
alguma ausência
nem o abandono...
O que mata um jardim é esse olhar vazio
de quem por eles passa indiferente.

A verdadeira arte de viajar

A gente sempre deve sair à rua como quem foge de casa,
Como se estivessem abertos diante de nós todos os caminhos do
    mundo...
Não importa que os compromissos, as obrigações, estejam logo
    ali...
Chegamos de muito longe, de alma aberta e o coração cantando!

Ela e eu

A minha loucura está escondida de medo embaixo da minha cama
Ou dançando em cima do meu telhado
E eu estou sentado serenamente na minha poltrona
Escrevendo este poema sobre ela.

Do ideal

Como são belas
indizivelmente belas
essas estátuas mutiladas…
Porque nós mesmos lhes esculpimos
— com a matéria invisível do ar —
o gesto de um braço… uma cabeça anelada… um seio…
tudo o que lhes falta!

O que o vento não levou

No fim tu hás de ver que as coisas mais leves são as únicas
que o vento não conseguiu levar:

um estribilho antigo
um carinho no momento preciso
o folhear de um livro de poemas
o cheiro que tinha um dia o próprio vento...

VELÓRIO SEM DEFUNTO
(1990)

Nos salões do sonho

Mas vocês não repararam, não?!
Nos salões do sonho nunca há espelhos...
Por quê?
Será porque somos tão nós mesmos
Que dispensamos o vão testemunho dos reflexos?
Ou, então
— e aqui começa um arrepio —
Seremos acaso tão outros?
Tão outros mesmo que não suportaríamos a visão *daquilo*,
Daquela coisa que nos estivesse olhando fixamente do outro lado,
Se espelhos houvesse!
Ninguém pode saber... Só o diria
Mas nada diz,
Por motivos que só ele conhece,
O misterioso Cenarista dos Sonhos!

Crenças

Seu Glicínio porteiro acredita que rato, depois de velho, vira
    morcego.
— É uma crença que ele traz da sua infância.
Não o desiludas com teu vão saber,
Respeita-lhe os queridos enganos:
Nunca se deve tirar o brinquedo de uma criança
— Tenha ela oito ou oitenta anos!

Índice de títulos e primeiros versos

A alma e o baú	73
A carta	77
A casa grande	96
A coisa	55
Aeroporto	130
A oferenda	103
"A poesia é necessária"	52
Apresentação	115
Aproximações	88
A revelação	89
Arquitetura funcional	75
As sete namoradas	120
Avareza	121
A verdadeira arte de viajar	142
Canção do dia de sempre	23
Canção dos romances perdidos	24
Conto de horror	54
Crenças	150
Cruel amor	32
Cuidado!	67
Da boa e da má ignorância	135
Da cor	31
Da difícil facilidade	59
Da discreta alegria	45
Da preguiça	53
Da simplicidade	64
Das utopias	44
Depois	40

De repente	37
Desespero	33
Do estilo	43
Do estilo	86
Do ideal	144
Do sobrenatural	105
É a mesma ruazinha sossegada,	20
Ela e eu	143
Emergência	74
Este quarto...	82
Eu nada entendo da questão social.	19
Exame de inconsciência	65
Exegeses	136
Fatalidade	50
História itinerante	119
Indivisíveis	104
Intérpretes	87
Interrogações	72
Jardim interior	141
Limites da conversação	49
Mentira?	30
Mentiras	29
Mundo	38
Música	129
Nada sobrou	66
No princípio do fim	90
Nos salões do sonho	149
O adolescente	71
O apanhador de poemas	123
O autor invisível	51
O circo o menino a vida	99
O citadino	133
O descobridor	109
O Diabo e a criança	61
O grande sortilégio	124
O mapa	80

O olhar	110
Operação alma	78
O poema	28
O poema	39
O poema	62
O poeta e a menina	57
O que o vento não levou	145
Os poemas	93
Os silêncios	137
Os vira-luas	27
Poema	101
Projeto de prefácio	111
Quarta	125
Realidade	60
Recalque	58
Respondendo a Regina	134
Retrato sobre a cômoda	76
Seiscentos e sessenta e seis	95
Se o poeta falar num gato	94
Sinônimos?	56
Transfiguração	122
Trecho de carta	85
Trecho de diário	79
Uma simples elegia	102
Um voo de andorinha	81
Vidinha	63
Vigilantes noturnos	117
Visitas	118

Sobre o organizador

Márcio Vassallo é jornalista e escritor carioca. Nascido em dezembro de 1967, é pai do Gabriel e mora no Rio de Janeiro. Desde o começo de sua carreira literária, em 1998, viaja por todas as regiões do Brasil para ministrar palestras e cursos de escrita e educação. É autor, entre outros, dos livros *O príncipe sem sonhos, Mario Quintana, Um gigante tão pequeno, A fada afilhada, Da minha praia até o Japão, A professora encantadora* e da antologia *Para viver com poesia*. Márcio tem obras publicadas na Argentina, no Chile e na Itália, e títulos selecionados pelo Catálogo de Bolonha e pelo The White Ravens, da Biblioteca Internacional de Munique. Foi colaborador dos jornais *O Globo, O Estado de S. Paulo, Folha de S.Paulo* e *Jornal do Brasil*. Há mais de trinta anos, além dos cursos que oferece, tem se dedicado ao trabalho de consultoria e acompanhamento editoriais para autores. Instagram: @vassallomarcio

ESTA OBRA FOI COMPOSTA POR OSMANE GARCIA FILHO EM ADOBE GARAMOND
E IMPRESSA EM OFSETE PELA GRÁFICA PAYM SOBRE PAPEL PÓLEN BOLD
DA SUZANO S.A. PARA A EDITORA SCHWARCZ EM OUTUBRO DE 2024

A marca FSC® é a garantia de que a madeira utilizada na fabricação do papel deste livro provém de florestas que foram gerenciadas de maneira ambientalmente correta, socialmente justa e economicamente viável, além de outras fontes de origem controlada.